تأليف: عائشة الماني
Author: Aesha Almani

رَمضان.. مَع مُحَمد وَمارية

مارية تسأَل و مُحَمد يُجيب

1 سلسلة قصص ماما عائشة

اعداد وتأليف : عائشة منذر الماني

أ/ عائشة الماني

تأليف: عائشة الماني
Author: Aesha Almani

بسم الله الرحمن الرحيم

اهلاً وسهلاً بكم معنا في سلسلة

قصص وحكايات ماما عائشة

إهداء

إلى أبي وأمي ...

إلى زوجي ...

إلى أبنتي ميسرة ...

إلى ابنتي صفوة ...

إلى ابني محمد ...

إلى ابنتي مارية آخر العنقود سكر معقود...

إليكَ أنتَ عزيزي القارئ الصغير ...

أهدي إليكم جميعاً هذا العمل ...

تأليف: عائشة الماني
Author: Aesha Almani

جَدول سَأصوم رَمضان

1 2 3 4 5 6

أنا قوي وأستطيع أن أصوم

7 8

9 10 11 12 13 14

15 16

لَم يَبقَ إلّا القليل

17 18 19 20 21 22

23 24

الحمدُ لِله صِمتُ شَهر رَمَضان

25 26 27 28 29 30

تأليف: عائشة الماني
Author: Aesha Almani

مَرحباً يا أَصدقائي أَنا اسمي مُحَمد

رَمضان مُبارك

Hello my friends, My name is Muhammad

Ramadan Mubarak!

تأليف: عائشة الماني
Author: Aesha Almani

مَرحباً يا أَصدقائي أَنا اسمي مارية

رَمضان مُبارك

Hello my friends, My name is Maria

Ramadan Mubarak!

تأليف: عائشة الماني
Author: Aesha Almani

السَّـلام عَليكُم وَرَحمةُ الله .

Assalamu Alaykum wa Rahmatulah!

وَعَليكُم السَّـلام وَرَحمةُ الله.

Wa Alaykum Assalamu wa Rahmatulah!

تأليف: عائشة الماني
Author: Aesha Almani

كَيفَ حالُكَ يا مُحَمَد؟

How are you Muhammed?

انا بِخَيرٍ وَالحمدُ لله ، وكَيفَ حالُكِ أنتِ يا مارية ؟

I'm fine, Alhamdullah, how are you Maria?

أنا بِخيرٍ وَالحَمدُ لله .

I am doing good, Alhamdullah.

أخي.. عِندي سؤال: ماذا يَعني رَمضان وكَيفَ نَعرِفُ أنَّه بَدأ؟

Brother, I have a question.

What is Ramadan, and how do we know when it starts?

أُختي الحَبيبة مارية.. لا تَقلقي.
سَـوف أُجِـيبُـكِ عَن كُلِّ هذهِ الأسـئلة.

My beloved sister Maria, don't worry, I will answer your questions.

هَل تَعـرفين يا أُختـي ماريـة (أَركانَ الإِسلام)؟

Maria, do you know the pillars of Islam?

نَعم يا أَخي (أَركانُ الإِسلام) هي:

Yes brother, the pillars of Islam are:

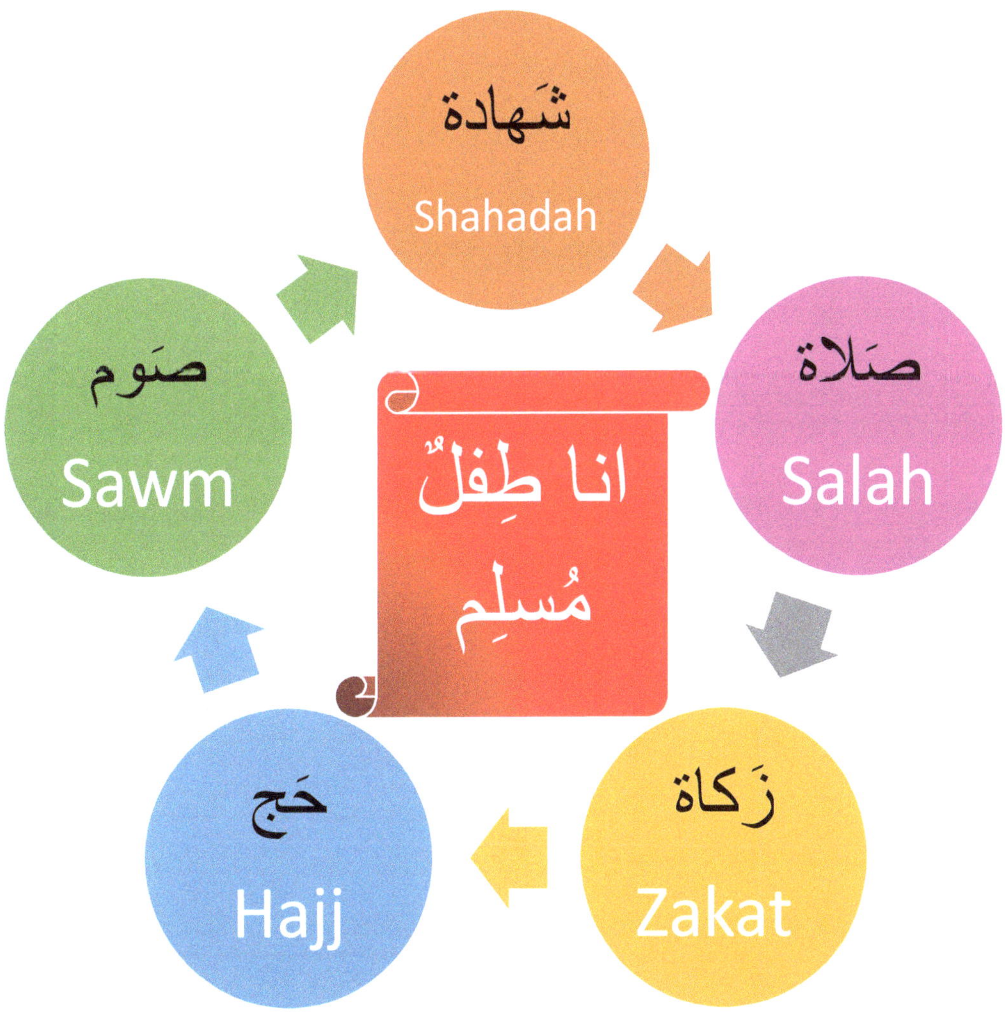

تأليف: عائشة الماني
Author: Aesha Almani

رَمضـان

ما شاء الله..أَحسنتِ يا مارية،
رَمضان هو شَهرٌ مُميَّزٌ جِداً عِندَنا نَحنُ المُسلِمين ،هـو شَـهرُ الصيام.

الصَوم هو أَحـدُ أَركانِ الإسلامِ الخَمسـة .

والمُسلمين في كُلِ العالم يُحِبُّون رَمضان .

الصيامُ مَعناهُ.. لا طَعام وَلا شَـراب..
مِن الصَباح الباكِر حَتى أذانِ المَغرِب .

المُسلم يَصوم كُل أيام شَهر رَمضان

تأليف: عائشة الماني
Author: Aesha Almani

Ramadan

MashAllah, very good Maria, Ramadan is a very special month for Muslims.

It is the month of Siyam,(fasting).

Fasting is one of the five pillars of ISLAM.

Muslims around the world love Ramadan.

Fasting means no eating and drinking from Fajr to Maghrib (sunset).

Muslim Fasting every day of Ramadan .

تأليف: عائشة الماني
Author: Aesha Almani

قَمرٌ جَديد

نَبحَثُ عَن القَمر الجَديد وَاسمهُ هِلال (هِلالُ رَمضان) عِندَ المساءِ ، حَتى نَعرِفَ أَن شَهر رَمَضان قَد بَدأ.

أنا أَكتُب:

هِلال رَمضان

تأليف: عائشة الماني
Author: Aesha Almani

NEW MOON

Look for the new moon the night before Ramadan starts.

Ramadan Moon

تأليف: عائشة الماني
Author: Aesha Almani

النية

يَنوي الصائِمُ صِيامَ شَهرِ رَمضان في بداية الشَهر.

NIYAH

Recite your intention (Niyah) to fast the month of Ramadan, at the beginning of the month.

اللّهم لَك صِمت

تأليف: عائشة الماني
Author: Aesha Almani

السُّحور

هُو وَجبة طَعامٍ عائِليةٍ صَباحيةٍ قَبلَ البَدءِ بِالصّيامِ .

SUHUR

This is when a family is eating an early morning meal before the fast begins.

إمساك.. إذا أَذّن المُؤذنُ لِصَلاةِ الفَجرِ يَجب أنْ نُمسِكَ عَن الطَعامِ والشَرابِ حَتى أذانِ المَغرِبِ .

Imsak is when the Muathan or the caller to prayer makes Athan for the Fajir/dawn prayer, and that is when we must stop eating food and drinks until the time for Maghrib.

تأليف: عائشة الماني
Author: Aesha Almani

إفطار

قَد حانَ وَقتُ المَساء، إنهُ وَقتُ الإفطار،وَقتُ وَجبةِ الطَعامِ التي نَأكلها لِنُفطِرَ عِندَ أذانِ المغربِ .

مِن الأفضلِ شُرب الماء وَتَناول التَمر أولاً مِثل نَبينا مُحَمد صَلى الله عليه وسلم.

IFTAR,

The evening is here. It's time for iftar, the Meal we eat to break your fast at the time of Maghrib!

It is best to drink water and eat dates first, just like the prophet Muhammad (SAW).

تأليف: عائشة الماني
Author: Aesha Almani

DUA

دُعاء الصائم

اللّهُم لَكَ صُمنا

وَعَليكَ تَوكّلنا

وَإليكَ أنبنا

وَلِصَومِ غَدٍ نَوينا

ذهبَ الضَمأ

وَابتلَّت العُروق

وَثَبَتَ الأجرُ

إنْ شاءَ الله

تأليف: عائشة الماني
Author: Aesha Almani

أنزِلَ القُرآن الكَريم في شَهرِ رَمضان المُبارَك

يَجب أنْ نقرأ القُرآن كُلَّ يَومٍ في شَهرِ رَمضان.

كُلَّ حَرفٍ نَقرأهُ يُكافِئُنا اللهُ سُبحانَهُ وَتَعالى عَليه ونَأخُذ عَليه حَسنات .

QURAN

The Quran was revealed in Ramadan

Every day in Ramadan, we should read the Quran. Each letter we read is rewarded with many good deeds.

تأليف: عائشة الماني
Author: Aesha Almani

قِراءةُ القُرآنِ الكَريم كاملاً يُسَمى خَتمةُ القُرآن

The meaning of after finishing reading the Quran is called (khatam Al Quran).

تأليف: عائشة الماني
Author: Aesha Almani

أكثرِ مِن الأَعمالِ الصّالحة في رَمضان

هذا الشَهر هو أيضاً الوقت المُناسِب لإظهارِ اللُّطف لأَصدِقائك وَعائِلَتك لنُعيدَ ذِكرى النَبي مُحمد صَلى الله عَليه وسلَم ونَحمَد الله سُبحانَهُ وتَعالى على نِعمَةِ الطَعامِ والشَراب وكُلَّ شيءٍ عِندَنا.

Be Good in Ramadan:

This month is also an excellent time to be good. Show kindness to your friends and family. To remember the prophet Muhammad SAW and thank Allah for giving us food, drinks, and be grateful for everything we have.

تأليف: عائشة الماني
Author: Aesha Almani

الزَكاة CHARITY

ZAKAT AL-FITR

رَمضان شَهر الصَدقات والزَكاة

دَفع زَكاة الفِطر قَبلَ صَلاة العِيد

Ramadan is the month of charity.

Pay your Zakat Al – Fitr before Eid Prayer.

رَمَضان هوَ الوَقت المُناسِب لِمُشارَكَة ما لَدينا مَعَ المُحتاجين، فَالعَمل الخَيري يُساعِد الآخرين ويُسعِدُنا .

Ramadan is a time to share what we have with people in need. Giving charity helps others and makes us happy.

تأليف: عائشة الماني
Author: Aesha Almani

المُسلِم يُصلي خَمس مَرات في اليَوم:

الصَلاة

فَجر	ظُهر	عَصر	مَغرب	عِشاء
2 رَكعَتان	4 رَكعات	4 رَكعات	3 رَكعات	4 رَكعات

SALAT

يُصلي المُسلِم خَمس صَلوات كُلَّ يَوم.

A Muslim prays five times every day.

تأليف: عائشة الماني
Author: Aesha Almani

صَلاة التَراويح

نُصلى صَلاة التَراويح بَعدَ صَلاة العِشاء في شَهرِ رَمضان المُبارك .

PRAY TARAWIH

Tarawih prayer is performed after evening ISHA prayer in the blessed month of Ramadan.

تأليف: عائشة الماني
Author: Aesha Almani

إعتكاف

البَقاء في المَسـجِـد آخر عَشـرَة أيام مِن شَهر رَمضان لِلعبادة والإستِغفار والدُعاء .

ITAKAF

Staying in the mosque the last ten days of Ramadan for worship, forgiveness and supplication.

تأليف: عائشة الماني
Author: Aesha Almani

لَيلَة القَدر

LAILAT-UL-QADR

في اواخِر شَهر رَمضان يوجد لَيلة مُميزة جِداً ، في هَذهِ الليلة ومُنذ زَمنٍ بَعيد ، أعطى المَلاك جِبرائيل عليه السلام لِلنَبي مُحمد صلى الله عليه وسَلم الرِسالة الإلاهية لِأَول مرة .

في هَذه الليلة نَبقى نُصلي وَنَقرأ القُرآن.

لَيلَة القَدر خَيرٌ مِن الفِ شَهر

تأليف: عائشة المانى
Almani

The night of power.

Towards the end of Ramadan, there is a very special night. On this night, long ago, angel Gabriel gave Prophet Muhammad Allah's message for the first time. We stay up praying and reading the Quran during that night.

تأليف: عائشة الماني
Author: Aesha Almani

رمضان مبارك

وتقبل الله صيامكم

Ramadan Mubarak May Allah Accept Your Fasting.

تأليف: عائشة الماني
Author: Aesha Almani

يَحتَفِل المُسلِمون بِعيد الفِطر لِمُدة ثَلاث أَيام بعد صيام شهر رَمضان.

Muslims celebrate Eid al-Fitr for three days after fasting the month of Ramadan. 

الآن يا أُختي مارية هَل تَعلَمتي ماذا يَعني رَمضان وكَيف نَعرِف انه بدأ.

Now my sister, Maria, did you learn what Ramadhan is and how it starts?

نَعم بالتأكيد شكراً لَك يا أَخي مُحَمد وجَزاك الله خيراً.

Yes indeed, thank you, my brother, Muhammad. May Allah reward you!

تأليف: عائشة الماني
Author: Aesha Almani

عيد مُبارَك

عيد مُبارَك

تأليف: عائشة الماني
Author: Aesha Almani

يُصلي المسلمون صلاةَ العيدِ جَماعةً في المَسجدِ ، نُهَنِّئُ أَهْلَنا وأصدِقائَنا وجيرانَنا وأَقارِبَنا بِقُدُومِ العيد وَنَلبَس مَلابِسَ العيد..

Muslims pray the Eid prayer in congregation at the mosque. After Eid Prayer, Muslims dress with new clothes then visit and greet their family and loved ones.

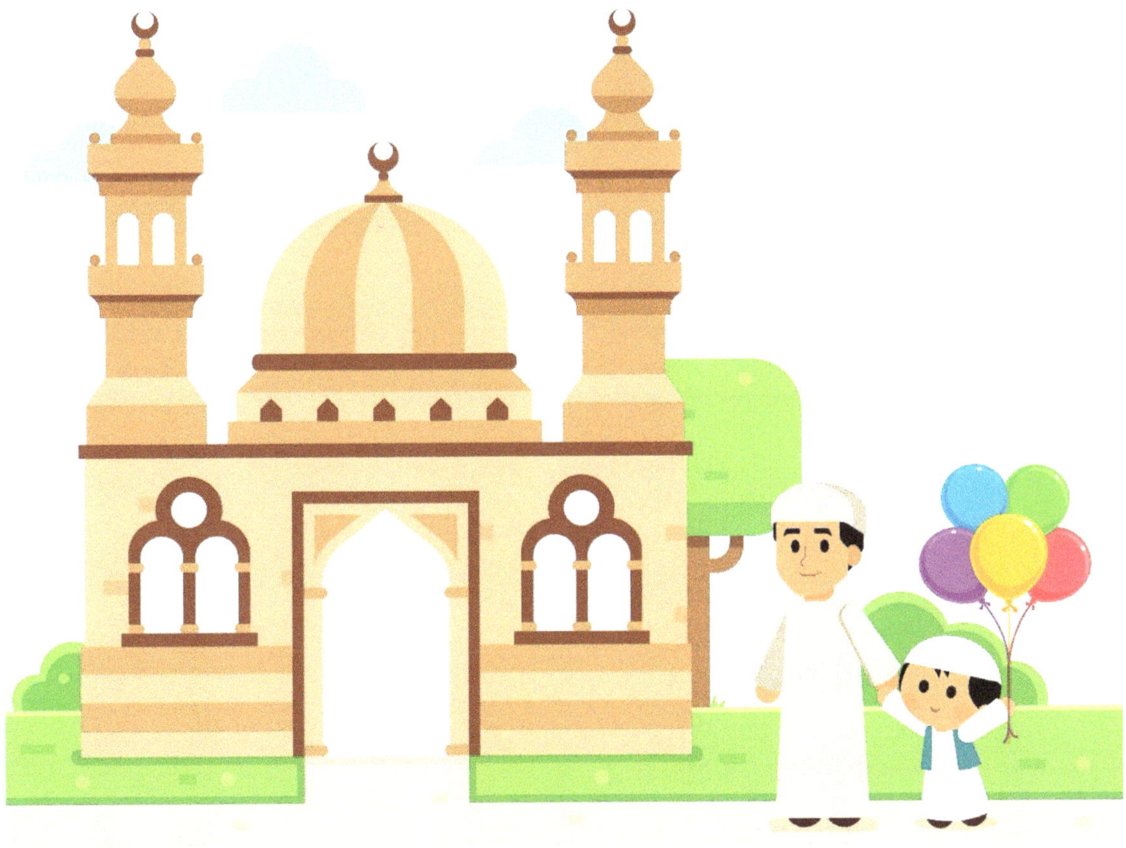

تم بحمد الله

فرات
أ/عائشة الماني

Printed in the United States of America

www.FuratBooks.com

www.ingramcontent.com/pod-product-compliance
Ingram Content Group UK Ltd.
Pitfield, Milton Keynes, MK11 3LW, UK
UKHW062001290726
14090UKWH00021B/1333

9 781678 045920